EDICTS,

DECLARATIONS,

Arrest & reglemens pour les Offices de Iaugeurs.

A PARIS,

Chez IEAN DINCOVRT Imprimeur, ruë sainct
Victor pres le College du Cardinal le Moine.

M. D. C. LI.

LETTRE DE DECLARATION DV
Roy Henry II. sur le faict de la Iauge.

ENRI par la grace de Dieu, Roy de France. A tous ceux qui ces presentes Lettres verront salut. Comme des long-temps nostre feu seigneur & pere eust faict & statué plusieurs Edicts sur la differance & iauge de vins du creu de Bourgongne, l'Auxerrois & François. Et ce pour obuier aux fraudes, deceptions, tronperies & abus qui se cōmettoient & pouuoient commettre en la vente & debitation desdits vins, par faute que les vaisseaux & futailles n'estoient veus, visitez, iaugez & marquez. Et depuis, nous ayōs creé, erigé estats & offices de iaugeurs, mesureurs & marqueux desdits vaisseaux & futailles és villes estant sur les riuieres de Seine, Yonne, Marne & Oize, & à dix lieuës à l'enuiron desdites riuieres, pour voir visiter, iauger, mesurer & marquer lesdits vaisseaux, tonneaux & autres futailles de tous vins, breuuages & liqueurs, lesquels sont empeschez au faict de ladite visitation, iauge & marque sous cou-

A ij

leur que l'on veut pretendre, lefdits Iaugeurs
& Mefureurs ne deuoir faire lefdites vifita-
tions, iauges & marques s'ils n'en font requis.
Et quand lefdits vins, breuuages & liqueurs
font vendus & debitez en marchez, eftapes,
ports & lieux publics & non en maifons, caues, celiers, chaiz, & autres lieux priuez &
particuliers. Et par ce moyen & efdits lieux
priuez l'on peut commettre les fraudes, tronperies & abus comme au precedent. Et outre
par tel moyen lefdits offices & eftats demeu-
rent inutils, & les Edicts fur ce faits illufoires
& fans effect contre nos vouloir & intention.
A quoy nous voulons pouruoir pour l'entre-
tennement & conferuation defdits Eftats &
Offices defdits Iaugeurs & Mefureurs de vaiffeaux, & obuier aux fraudes, tromperies & a-
bus que lon pourroit commettre en la vente
& debitation defdits vins, bruuages & liqueurs vendus & debitez es maifons, caues,
celliers, chais & autres lieux priuez & particuliers. Sçavoir faifons qu'apres auoir faict
voir lefdits Edits cy attachez fous le contre-
feel de noftre Chancellerie, & interpretant,
declarant, & amplifiant iceux, & mefme l'Edit
faict par noftredit feu Seigneur & pere au mois
d'Aouft 527. auons dit & declaré & de nos
certaine fcience, plaine puiffance & auctorité Royal, difons, declarons, voulons & enten-

dons que tous les vins, breuuages, liqueurs,
verjus, vinaigres, huiles, & autres qui seront
vendus & debitez esdites villes estans sur les-
dites Riuieres de Seine, Yonne, Marne, Oise,
& autres fleuues y descendans, à dix lieuës à
l'entour desdites Riuieres & fleuues, & esquel-
les nous auons puis n'agueres ordonné, créé,
& erigé Estats & Offices de Iaugeurs, Mesureurs de vaisseaux, soit que ladite vente ou
debitation soit faicte en Marchez, estapes,
Ports & autres lieux publics, ou es maisons,
cours, caues, celliers, chais, & autres lieux priuez & particuliers, & par quelques personnes
que ce soient, seront veuz, visitez, jaugez, &
marquez par lesdits Mesureurs & Iaugeurs ou
leurs Commis & deputez en chacune desdites villes, auant que pouuoir estre enleuez &
amenez hors desdits lieux publics ou priuez,
sur les peines contenuës audit Edict dudit an
527. Et nonobstant que par iceluy soit contenu que ladite visitation, jauge & marque ne
soit faicte par lesdits Iaugeurs & Mesureurs, si
requis n'en sont : Et inhibons, defendons, &
tres expressement enjoignons, tant aux vendeurs, qu'achepteurs, enleuer ou emmener
laisser emmener ou enleuer desdits lieux, &
chacū d'eux lesdits vins, breuuages & liqueurs,
auant ladite visitation jauge & marque, sur
peine de perdition, & cōfiscation desdits vins,

A iij

breuuages & liqueurs.. Pour faire lesquelles
visitation, jauges, mesures & marques susdites
Voulant & commandant ausdits Iaugeurs &
Mesureurs, & leurs commis & deputez, aller
& eux transporter incontinent par tout où il
appartiendra & besoin sera, & de n'exiger ou
prendre aucune chose desdits vendeurs ou a-
chepteurs que le droict contenu par lesdits
Edicts sur peine des dommages & interests
que l'on pourroit souffrir pour la negligen-
ce, demeure ou retardement de faire lesdites
visitations , jauges & marques & autres a-
mendes arbitraires.. Si donnons en mandement, & commetons par ces presentes à
nos amez & feaux Conseillers les gés tenant
la Cour de nos Aydes à Paris, ausquels a-
uons commis & attribué la cognoissance de
tous les proces & differens, à cause desdits
estats & offices de Iaugeurs & Mesureurs, & à
tous nos autres Iuges, Iusticiers & officiers, &
à leurs Lieutenans, & à chacun d'eux, ainsi
qu'il appartiendra que cesdites presentes ils
facent lire, publier & enregistrer és registres
de nosdites Cours & iurisdictions : & icelle
facent entretenir obseruer & garder de poinct
en poinct selon leur forme & teneur, en con-
traignant ou faisant contraindre tous ceux
qu'il appartiendra par toutes voyes deuës &
raisonnables, nonobstant oppositions ou ap-

pellations quelsconques, faictes ou à faire, re-
leuées ou à releuer, iugemens, arrests, senten-
ces que l'on pouroit auoir obtenus auipara-
uant cesdites presentes, ordonnances, stilles,
ysages & coustumes , & quelsconques autres
Edits , ausquels nous auons derogé & dero-
geons par cesdites presentes, & quelsconques
autres lettres ad ce contraires : Car tel est nostre plaisir. Et pour ce que de cesdites presentes l'ō aura affaire en plusieurs & diuers lieux,
voulons qu'au vidimus d'icelles faicts & col-
lationnez par nos amez & feaux Notaires, Se-
cretaire Tabellion, ou Notaire Royal, foy soit
ad ioustée comme à leur original.   Donné à
Fontainebleau le 20. iour de Decembre l'an
de grace 1553. Et de nostre regne le septiesme.
Ainsi signé sur le reply. Par le Roy vous present. Bourdin. Et scellé sur double queuë de
cire iaune du grand seel ; Plus sur ledit reply
est escrit ce qui s'ensuit.

La Cour a ordonné & ordonne de l'exprez
mandement du Roy nostre Sire, plusieurs fois
reiteré , que sur le reply desdites Lettres sera
mis, Leuës & enregistrées en la Cour des Aydes.   Signé,   le Sueur.

HENRY par la grace de Dieu Roy de
France & de Pologne. Au premier
Huissier de nostre Cour des Aydes , ou

noſtre Sergent ſur ce requis : Salut. De la partie de Guillaume Cheualier, demeurant à Su-
reſne, Commis de Claude de Hery , a eſté ex-
poſé en noſtredite Cour, comme pour obuier
aux abus & maluerſations qui ſe commettent
en la vente des vins, verjus, vinaigres , & autres Liqueurs , à l'occaſion de ce que les vaiſſeaux ne ſont de meſure : nous ayons erigé des
offices de Iaugeurs és villes & lieux eſtant ſur
les Riuieres de Seine, Marne, Yonne, & Oiſe,
& fleuues deſcendans en icelles à dix lieuë
prés , & à l'enuiron : & à ceſte fin donné pouuoir audit de Hery, de commettre és lieux ſuſ-
dits perſonnes capables pour faire les Iauges
& meſurages deſdits vaiſſeaux & futailles, & à
eux commandé & enjoinct expreſſement de
faire leſdites Iauges , & en faire leur rapport
par deuant les Eſleuz des lieux, des fautes & a-
bus qui ſe trouueront eſdites fuſtailles, & auſſi
que pour faire leſdites Iauges, eſt ordonné au
Commis dudit de Hery pareil ſalaire & taxe
qu'il eſt accouſtumé en noſtre ville de Paris,
que toutesfois les Iuges des lieux empeſchēt,
voulant faire leſdites taxes à leurs fantaiſies :
Au moyē dequoy auroit ledit expoſant hum-
blement requis cōmiſſion de noſtredite Cour
pour faire commandement à tous Vignerons,
Tonneliers & marchands , vendans vaiſſeaux
& futailles , vins, verjus, vinaigres, huiles, &
autres

autres liqueurs, en gros ou detail, d'ouurir
leurs caues, celliers, & autres lieux pour faire
lefdites Iauges, & de payer pour le droiƈt d'i-
celle audit expofant: à fçauoir pour Queuë de
vin fix deniers parifis. PourMuid trois deniers
parifis,& pour chacune piece de vin eftrãger,
huiles & graiffes fix deniers parifis, à prendre
fur le marchand vendeur fuiuant le Reglemẽt
de noftre ville de Paris, laquelle commiffion
aye fe jourd'huy datte de ces prefentes eftre
ordonné eftre deliurée audit expofant pour
faire les commandemens fufdits à tous Tonneliers, Marchãds, Vignerons,& autres vendans vin, & qui font tenus de laiffer jauger &
fouffrir ladite Iauge,& en cas d'oppofition ou
refus,iour pardeuant nos Efleus des lieux, en-
femble de payer à iceluy expofant pour ledit
droiƈt de jauge,Pour queuë de vin fix deniers
parifis, Pour muid trois deniers parifis : &
pour quacque deux deniers parifis, & pour
chacune piece de vin eftrãger, huiles,& graiffes,fix deniers parifis, le tout fuiuant le Reglement de noftredite ville de Paris, & en cas
d'oppofition ou refus, iour pardeuant nos Efleus des lieux, la faifie defdits vins & futailles
tenans. POVR CE EST-IL que nous te man-
dõns & commettons par ces prefentes qu'à la
requefte dudit Cheualier,expofant,Commis
dudit de Hery en l'Efleƈtiõ de noftredite ville

de Paris, en faire expres commandement de
par nous & noſtredite Cour à toutes perſonnes qui ſont tenus de laiſſer jauger, ſuiuãt noſ-
dits Ediéts & Reglemens de noſtredite Cour,
de payer audit oppoſant ſix deniers pariſis
pour Queuë de vin trois deniers pariſis, pour
Muid de vin, & pour Quacque deux deniers
pariſis. Et pour chacune piece de vin éſtran-
ger, huiles & graiſſes ſix deniers pariſis, à prē-
dre ſur le marchand vendeur, ſuiuant le Reglement de noſtredite ville de Paris, en les cõ-
traignás à ce faire & ſouffrir par toutes voyes
& manieres deuës & raiſonnables, & en cas
d'oppoſition, refus ou delay, adiournez les
oppoſans, refuſans ou dilayans à eſtre & com-
paroir à certain & competant iour, pardeuant
les Eſleus des lieux pour dire leurs cauſes
d'oppoſitiõ, refus ou de lay: & outre proceder
comme de raiſon, la ſeiſie des vins & futailles
tenans, enſemble à tous Tonneliers, Vignerons & marchands vendans vin, verjus, huiles
& autres liqueurs, de faire ouuerture audit oppoſant de leurs greniers, caues, celliers, & autres lieux, pour faire leſdites Iauges, & en cas
d'oppoſition, refus ou delay, auſſi iour pardeuant leſdits Eſleus pour dire leurs cauſes de
refus, & en outre proceder comme de raiſon.
De ce faire te donnons pouuoir, mandons &
commandons à tous nos Iuſticiers, Officiers,

& subjects, qu'à toy en ce faisant soit obey.
Donné à Paris, en nostredite Cour des Aydes
le 17. iour de Iuin, l'an de grace 1578. Et de nostre regne le cinquiesme. Aussi signé par la
Cour des Aydes, de Beauuais. Et seellez sur
simple queuë de cire jaune.

EDICT DV ROY: PORTANT CREA-
tion des Offices de Iaugeurs, & Mesureurs de Vais-
seaux, Bariques, Tonneaux & Fustailles à mettre vins,
cidres, bieres, huilles, &c. auec attribution d'vn sol pour
la mesure de chacun muid, mesure de Paris, & des autres
vaisseaux à l'equipollant. Verifié en la Cour des Aydes
le 15. de Mars 1596.

Fürier 1596.

HENRY par la grace de Dieu Roy de
France & de Nauarre, à tous presens &
à venir, Salut. Encores que tous nos predecesseurs Rois se soient efforcez de faire garder
sur tout les loix de la police, & plus exactement que les autres, celles qui concernoient
ce qui estoit plus necessaire pour le commun
vsage de la vie de l'homme, si, est-ce que depuis nostre aduenement à la Couronne seulement, plein de troubles, cóme chacun sçait
le desordre y a continué, sans y auoir peu iusques à ce iour estre apporté remede, & y aug-
méte le mal encore tous les iours: de telle sorte que s'il n'y est promptement pourueu, il est

Cet Edict
est vérifié en la
Cour des Aydes.

B ij

à craindre vne grande confusion en l'obser-
uation de ladite police, où l'abus & maluersation pullule de iour à autre, & principalement
en ce qui concerne la marchandise subjette
aux poids & mesures, comme de vins, vinaigres, cidres, bieres, huiles & autres de ceste
qualité : en la vente desquels il se trouue aujourd'huy v'ne telle côfusion, que tel qui esti-
me auoir acheté dix muids de vin, ou autres
breuuages, y trouue v'ne grande diminution:
Et comme tel abus n'ait prins cômencement
de ce iour, le feu Roy Henry II. par son Edict
du mois d'Octobre mil cinq cens cinquante,
Et le Roy dernier decedé nostre tres-hono-
ré Seigneur & frere, par autre Edict du mois
d'Auril 1578. y auoient voulu apporter remede par la creation & establissement de plusieurs offices de Mesureurs, Iaugeurs de vins
& breuuages estans en muids, pipes, bariques,
& autres vaisseaux, par l'establissement desquels ils estimoient bien y auoir apporté tout
le remede qu'on y pourroit desirer : Mais au
lieu de voir sortir quelque effect de ces bonnes intentions, la conniuence d'aucuns Iuges
politiques, & la negligéce d'aucuns officiers,
auec l'impunité de ceux qui auoient l'inten-
dance desdites polices, qui se sont estudiez à
prendre le profit qu'ils en ont peu tirer, à cause que la mesme maluersation qui a esté cy-

deuant a pullulé, & pullule encores plus que
iamais, en ce qu'il ne se trouue aucune pieces
iaugées, marquées, n'y eschantillonnées, n'y
aucun qui s'entremette dece faire: Tellement
que la creation de tels offices a peu ou point
seruy, pour le peu d'émolument que l'on a-
uoit attribué à ceux qui estoiét pourueuz desdits offices : Aussi que les Magistrats & pre-
miers Iuges de la police, Preuosts, Escheuins,
Capitoux, Iurats, Consuls, & autres officiers
desdites villes, sesont entremis de pouruoir à
telles charges & offices, & en ont disposé cô-
me bon leur a semblé : La pluspart desquels
officiers, d'autant qu'ils ne nous auoient fait
aucun serment, n'ont eu crainte d'enfreindre
& de contreuenir à nos Ordonnances, lesquelles par le laps d'vne si grande tollerance, qui
s'est tousiours glissée en s'augmentát, se trouuent quasi aneanties & demeurées comme a-
bolies, pour le regard des Mesures & Iaugea-
ges de vins, d'où s'est ensuiuy qu'vn seul muid
pipe, ou autre vaisseau, ne se peut aujourd'huy
trouuer approchant d'vn septier de la mesure
qu'il deuroit contenir : A quoy voulans pouruoir, & sur la Requeste à nous presentée par
les plus apparens marcháds de vins de nostre
bonne ville de Paris : Sçauoir faisons, Que
desirans soulager nos Sujets, les releuer des
grandes pertes qu'ils en portent, & apporter

vn meilleur ordre pour l'aduenir, cognoiſſāt
qu'vne partie de la faute & abus prouient de
ceux qui ſe ſont entremis eſdits eſtats de Iaugeurs, pourueus de l'auctorité des magiſtrats
& Officiers des villes, & que les autres pourueus en tiltre d'offices ont trouué ſi peu d'é-
moluments eſdites charges, qu'ils les ont ne-
gligées du tout : APRES auoir mis ceſte affaire en deliberation, & que par l'aduis de noſtre
Cōſeil, il ne s'eſt trouué meilleur remede que
de ſupprimer tous leſdits Iaugeurs & Meſureurs de tōneaux, pippes, baricques, & autres
vaiſſeaux, en les rembourſant de la fināce qui
ſe trouuera auoir eſté par eux payée en nos
partie caſuelles, ſans fraude & deguiſement,
& proceder à nouuel eſtabliſſement d'autres
qui ſeront mieux appointez : POVR ces cauſes, & autres bonnes & iuſtes conſiderations à
ce nous mouuans, Auons de l'aduis de noſtre
Conſeil, & par ceſtuy noſtre Edict perpetuel
& irreuocable, ſupprimè, & de noſtre pleine
puiſſance & authorité Royale, ſupprimons
tous leſdits offices de Meſureurs, Viſiteurs,
& Iaugeurs, en toutes les villes & endroicts
de noſtre Royaume, ſoit qu'ils ſoient pourueus de nous, & de nos predeceſſeurs, ou deſdits Eſcheuins, Maires, Iurats, Capitouls & autres Magiſtrats, à condition dudit rembourſe-
mēt de ce qui aura eſté payé ſās fraude en nos

parties cafuelles ; fi mieux lefdits pourueus
par nous n'aiment fuppléer le prix de la taxe,
leur defendant tres-expreffement d'eux im-
mifcer efdites charges de Iaugeurs, Vifiteurs
& Mefureurs, à peine de faux , & d'amende
arbitraire. Et pour les mefmes caufes que def-
fus, Avons de nouueau crée , & erigé, créons
& erigeons en Offices formez, lefdits eftats
de Iaugeurs & Mefureurs de vins,& vaiffeaux
où fe mettent , vendent, & debitent toutes
fortes de breuuages; pour y eftre par nous feulement, & non par autres, pourueu, tãt à pre-
fent qu'à l'aduenir, quand vacation y efche-
ra és lieux & endroicts où il fera trouué necef-
faire & plus commode pour l'vtilité de nos
fubiects, & felon le depertement qui en fera
faict en noftre Confeil ; pour eftre par lefdits
Iaugeurs & Mefureurs marquez les vaiffeaux
& fuftailles, depippes, muids, tonneaux, bariques & autres , foit qu'elles foient remplies
de vins ou autres breuuages , ou qu'elles fe
trouuent vuides en boutiques de Marchands,
lefquels Iaugeurs, auront & prendront pour
chacun muid ou demie queuë douze deniers
tournois,& pour chacũ efchãtillõ qu'ils bail-
leront aux Tõneliers, cinq fols, & pour chacune barique vuide fix deniers feulement, Et
parce que noftre intention n'eft point tant de
tirer fecours en nos affaires de la Finance qui

poura prouenir de la véte des offices , cóme
d'oster & corriger vn tel & si gánd abus. Novs
voulós que tous Tóneliers , auant que faire
leurs fustailles neufues ou vieilles, soient tenus prendre du Iaugeur du lieu où ils seront
demeurants , eschantillon , selon l'ancienne
jauge dudit lieu qui sera marqué de sa marque lequel en leur baillát les aduertira du iable que les vaisseaux doiuent auoir, chacú selon qu'ils seront gráds ou petits lesquels Tóneliers ne pourront besongner autrement:
tellement que lès fustailles par eux faictes ne
se trouuans de jauge, bouge & iable raisonna-
ble , elles seront confisquées, & le Tonnelier
condamné en l'amende. Et d'autant que plusieurs se pourroient treuuer pourueus desdits
Offices par lettres qu'ils en ôt de nous ou de
nos predecesseurs : Novs n'entendons qu'ils
soient depossedez, mais qu'ils soient tenus de
payer le supplément de la finance, pour l'aug-
mentation du droict qu'ils prendront pour
chacune piece qu'ils jaugeront, qui ne leur e-
stoit anciennement que de cinq deniers ; lequel nous leur auons augmété iusques à douze deniers ; selon la taxe qui en sera faicte en
nostre Conseil : Et parce que les Tonneliers,
pour frauder le Iaugeur de son droict, ne vou-
droient possible aller prendre de luy eschantillon ou bouge, Novs voulons que lesdicts
Iaugeurs

iaugeurs puiſſent aller es maiſons deſdits Tō-
neliers, où ſe feront fuſtailles, pour les viſiter
ſi exactement qu'il ne s'en puiſſe enſuiure aucun abus, à peine de s'en prédre à eux en leur
propre & priué nō. Et à ce que cela ne ſe paſſe
ſous ſilence, & que l'on cognoiſſe d'où vien-
dra la faute & abus, Novs defendons à toutes
perſonnes de quelque qualité & condicion
qu'ils ſoient, de vendre ou achepter vins ou
autres breuuages ſinō à la charge de la iauge,
& qu'ils ne ſoiét iaugez à la iauge du pays, ſelon la qualité des vaiſſeaux, & marquez de la
marque du Iaugeur, à peine de cinq eſcus
d'amende.   Seront pareillement tenus
tous Courtiers, faiſans vendre vins, cidres, & autres breuuages, d'aduertir les marchands qu'ils meneront, de la jauge, & faire
jauger les vaiſſeaux, & iceux marquer auant
que les faire enleuer, ſur peine de pareille a-
mende de cinq eſcus, & d'eſtre tenus du dechet & defaut en leurs propres & priuez nōs.
Si DONNONS EN MANDEMENT à nos amez
& feaux Conſeillers les gens tenans noſtre
Cour des Aydes, Preſidents, Lieutenants, &
Eſleus, & à tous nos autres Iuſticiers & Officiers qu'il appartiendra, que ceſtui noſtre
preſent Edict ils facent lire, publier, & enre-
giſtrer, garder & obſeruer, & entretenir ſelon
ſa forme & teneur, ceſſans ou faiſans ceſſer

C

tous troubles & empeschemens au contraire:
Car tel est nostre plaisir. Et affin que ce soit
chose ferme & stable à tousiours, nous auons
faict mettre nostre seel à cesdites presentes.
Donné a Folembray au mois de Fevrier, l'an
de grace 1596. Et de nostre regne le 7. Signé.
HENRY. Et à costé, VISA. Et plus bas. Par le
Roy estant en son Conseil, FORGET. Et seellé
du grand seau de cire verte en lacs de soye
rouge & verte.

Leuës, publiées & registrees en la Cour des Aydes,
Ouy sur ce le Procureur General du Roy, suiuant & aux
charges contenues en l'Arrest du iourd'huy. A Paris le 15.
iour de Mars 1596.

Signé,   **Poncet.**

Extraict des Registres de la Cour des Aydes.

VEv par la Cour, les Chambres assem-
blées, les Lettres Patentes du Roy, en
forme d'Edict, données à Folembray au mois
de Feburier dernier, signées sur le reply, par
le Roy, estant en son Conseil, Forget, auec
vn paraphe, & seellees du grand seau en cire
verte: Par lesquelles sa Majesté pour les causes & considerations à plein mentionnées en
icelles, auroit supprimé tous les Offices de
Mesureurs, Visiteurs & Iaugeurs de vins &

breuuages estans en muids, pippes, bariques,
& autres vaisseaux , en toutes les villes & endroicts de ce Royaume, soit qu'ils soient pourueus de par sa Majesté , ou des Roys predecesseurs , ou des Escheuins, Maires, Iurats,
Capitouls & autres magistrats , à condition
de les rembourser de la finance qui se trouue-
roït auoir esté par eux payée és parties casuel-
les , sans fraude ou déguisement. Et de nouueau , auroit crée & erigé en Offices formez,
lesdits estats de Iaugeurs & Mesureurs de vins
& vaisseaux , où se mettent, vendent , debitent toutes sortes de breuuages , pour y estre
par ledit Seigneur Roy & nó par autres pourueu, tant à present qu'à l'auenir , quand vacation y escherra , és lieux ou endroicts où il
se ra trouué necessaire, & plus commode pour
l vtilité de ses subjects, & selon le departemēr
qui en seroit faict en son Conseil, pour estre
par lesdits Iaugeurs & Mesureurs, marquez
les vaisseaux & fustailles , de pippes , muids,
tonneaux , bariques & autres , soit qu'elles
soient remplies de vins ou autres breuuages,
ou qu'elles se trouuent vuides en boutiques
des Marchands : Et pour cet effect, leur auroit
attribué droict de prendre pour chacun muid
ou demie queuë douze deniers tournois , &
pour chacun échantillon qu'ils baillerót aux
Tóneliers, cinq sols , & pour chacune baric-

que six deniers seulemét. Voulát que tous Tóneliers auát que faire leurs fustailles neufues
ou vieilles, soiét tenus de prédre du Iaugeur
dulieu où ils sót demeurans, éschantillon seló
l'ancienne jauge dudit lieu, qui sera marqué
de sa marque, sans qu'ils puissent besongner
autrement, & seront aduertis du jable que les
vaisseaux doiuent auoir. Et aduenant qu'il se
trouuast des fustailles par eux faictes qui ne seroient de jaugé, bouge & iable raisonnables,
seront confisquez, & le Tonnelier condamné en l'améde. N'entendant neantmóins, sa
Majesté, que ceux desdits Iaugeurs & Mesureurs qui se trouueront pourueus desdits Offices par ses lettres ou de ses predecesseurs
Roys, qu'ils soient depossedez, ains seullemét
tenus payer le supplément de la finance dudit
droict de douze deniers pour chacune pièce,
qu'ils iaugeront, au lieu de cinq deniers d'ancienne attribution, selon la taxe qui en sera
faicte en sondit Conseil. Et pour euiter aux a-
bus & contrauentions qui se pourroient faire
audit Edict, veulét que lesdits Iaugeurs puissent aller és maisons desdits Tonneliers, pour
visiter les fustailles qui s'y ferót. Et que tous
Courretiers, faisans vendre vin, cidre, & autres breuuages, seront tenus d'aduertir les
marchands de la iauge, faire iauger les vaisseaux, & iceux marquer auát que les faire en-

leuer, fur peine de cinq efcus d'amende, &
d'eftre tenus du dechet & defaut en leur propre & priué nom.   Faifant defenfes à toutes
perfonnes de quelque qualité & condition
qu'ils foient, de vendre & achepter vins & autres breuuages, finon à la charge de la jauge,
& qu'il ne foit jaugé à la jauge du pays, felõ la
qualité des vaiffeaux, & marquez de la mar
que du Iaugeur, à peine de cinq efcus d'a-
mende. Les conclufions du Procureur general du Roy , & tout confideré : LA
COVR à ordonné & ordonne que lefdites lettres feront leuë, publiées & enregiftrées au
Greffe de ladite Cour: A la charge que les deniers qui en prouiendront ferõt employez au
payement de ce qui eft deu aux pouruoyeurs
dudit Seigneur Roy, & que ceux qui fe trouueront pourueus defdites lettres par fes lettres
de prouifion, ou des predeceffeurs Roys, ne
pourront eftre depoffedez, finon en les rem-
bourfant de la fináce qu'ils fe trouuerõt auoir
payée aux parties cafuelles, fans fraude & de-
guifement : Et que ceux qui feront cy apres
pourueus defdits Offices nouuellement ou
par refignation, feront le ferment en tel cas
requis & accouftumé, pardeuant les Efleus &
que les differens & procez qui pourront venir en confequence dudit Edict, fe traitteront
en premiere inftance pardeuant lefdits Efleus

& par appel en ladite Cour. Prononcé le 15.
Mars 1596.
Signé,   PONCET.

---

*Lettres patentes du Roy, en forme de Declaration, du 24.
de Iuin 1598. pour l'establissement des Offices de Iaugeurs, Mesureurs de Vaisseaux, Barriques, Tonneaux, & Fustailles à mettre vins, cidres, bieres,
huiles, &c. par toutes les villes, bourgs, & paroisses de son Royaume.*

Verifié en la Cour des Aydes le 27. Octobre, 1598.

HEENRY par la grace de Dieu Roy de
France & de Nauarre, A nos amez &
feaux Conseillers, les Gens tenans nostre
Cour des Aydes à Paris, Salut. Par nostre
Edict du mois de Feurier 1596. par vous verifié, contenant le reglement & reformatió des
vaisseaux à mettre vins, bierre, cidres & toutes autres liqueurs : Nous aurions pour l'exe-
cutió d'iceluy, créé & erigé en chacune ville,
bourgs, paroisses & lieux necessaires en nostre
Royaume, l'estat & Office de Iaugeur desdits
vins, vaisseaux & liqueurs susdites, pour y e-
tre par nous & non par autres perceus vacatió
aduenant Sur les deniers prouenans de la có-
position desquels offices ayant assigné Gilles
du Buy, & Iean Perou, marchás pourueyeurs
de nostre maison, pour le payement & rem-

boursement des grandes aduances & fournitures par eux faictes, ils auroient auec grands
frais & despenses poursuiuy par toutes les Es-
lections l'stablissement & execution dudit
Edict, mais ils auroient esté du tout empeschez par les oppositiós de plusieurs Euesques
Communautez de villes, pretendans le droict
desdits offices en patronnages, par nos predecesseurs, & encores par les empechemés formez par les Marchands, Vignerons, Tonneliers, & autres de pareille qualité, qui s'aidans
de l'authorité desdits Euesques, se seroient
promis par longueur de temps, & trauail de
procés, reculer l'execution dudit Edict, & le
rendre à neant & cependant faire jouyr ceux
commis esdits offices, par lesdits Euesques &
communautez desdites villes, pour leurs pro-
fits particuliers, au grand preiudice desdits
Pouruoyeurs: Sur les remonstrances desquels
de ce que dessus, pour euiter à diuersité de iugemens, & retrancher toutes longueurs & in-
uolutions de procés, par Arrest de nostre Có-
seil donné au mois de Ianuier dernier, vous
aurions renuoyé la cognoissance de tous &
chacuns les differés meuz & à mouuoir, pour
raison de l'execution dudit Edict, circonstances & dependáces en toutes paties, pour estre
par vous reglez, & leur faire droict, comme
de raison: & à ceste fin, interdit à tous autres

Iuges d'en congnoistre. Et d'autant que nos
vouloir & intention sont à present, comme
ils ont cy-deuant esté, l'Edict sortir son plein
& entier effect ; De l'aduis de nostre Conseil,
vous mandons, ordonnons, & tresexpresse-
ment enjoignons, que conformément à nostredit Edict, & verification par vous faite d'i-
celuy, vous ayez à faire establir par toutes &
chacunes les villes, bourgs, paroisses, & lieux
necessaires, lesdits offices de laugeurs & visiteurs desdits vins, breuuages, liqueurs, & vaisseaux susdits, faisant jouyr pleinement & pai-
siblement ceux qui en seront par nous pourueus, en vertu de leurs Lettres de prouision,
sans permettre n'y souffrir y estre troublez ou
empeschez en aucune sorte & maniere, con-
traignant y obeir, & le souffrir, lesdits Euel-
ques, Communautez des villes, Marchands,
Tonneliers, & tous autres indifferemment,
nonobstant leurs empeschemens & oppositions, & droicts par eux pretendus : ausquels
ne voulons qu'ayez aucun esgard, & qu'ils
puissent preiudicier à l'establissement desdits
offices par nous créez par nostredit Edict. Et
où il ne se trouueroit presentement personne
pour se faire pourueoir en tiltre desdits offices. Nous voulons & entendons bons & suffisans Commissaires estre par vous establis,
pour, suiuant l'Arrest doné en pareil cas pour
la Generalité

la Generalité de Normandie, exercer lefdits offices efdites villes, bourgs, paroiffes, & lieux neceffaires, iouyr & vfer d'icéux, à l'inftar des Fermiers, des huiét & vingtiefme, & autres fermes, aller és caues, celliers, maifons, & vaif-feaux, par mer & riuieres, jauger, vifiter, mar-quer lefdits vins, vaiffeaux de toutes autres li-queurs, tant pleins, que vuides, autant de fois qu'ils fe vendront, & changeront de mains: auec defenfes à tous marchands de ne vendre n'y achepter : finon aux conditions de ladite jauge, & fur les peines y contenuës : & à tous Gourmets & Tonneliers, en aduertir lefdits marchands de n'enleuer iceux, auprealabe ladite jauge, & en payer les droiéts mention-nez, apres qu'ils feront enleuez hors lefdites caues & celliers, à la charge auffi de faire par lefdits Iaugeurs, leur deuoir de marquer le defaut, ou le plus defdits vaiffeaux, à ce que nofdits Sujets s'en reffentent : Car tel eft no ftre plaifir. De ce faire nous vous donnós tout pouuoir, auétorité, commifion, & mandemét fpecial, nonobftant tous Ediéts, Ordonnan-ces, Mandemens defenfes & lettres à ce con-traires : aufquelles, & à la derogatoire de leur derogatoire, nous auons derogé & derogeõs. Donné à Paris le 24. iour du mois de Iuin, l'an de grace 1598. Et de noftre regne le neuf-uiefme. Signé, par le Roy en fon Confeil

LE BOSSV. Et scellée sur simple queuë à cire jaune, du grand seel.

Ex traict des Registres de la Cour des Aydes.

VEV par la Cour, les Lettres Patentes du Roy, en forme de Declaration, données à Paris le 24. iour de Iuin 1598. signées par le Roy en son Conseil, le Bossu & sellées du grand seau de cire jaune, obtenuës par Gilles du Buy, Iean Perou & consors, pouruoyeurs ordinaires de la moison du Roy : Par lesqu'elles sa Majesté pour rembourser les impetrans assignez sur la finance qui prouiendroit de la vente des offices de Iaugeurs, Visiteurs de vaisseaux à mettre vin & autres liqueurs, erigez en titre d'office par l'Edict verifié en ladite Cour au mois de Fevrier 596. à cause des grandes sommes de deniers à eux deuë, pour les grâdes fournitures par eux faictes, & pour autres causes & considerations y contenuës, mande, ordonne & tres-expressemét enjoint à ladite Cour, que conformement audict Edict, elle aye à faire establir par toutes & chacunes les villes, bourgs, Parroisses & lieux necessaires, lesdits Offices de Iaugeurs & visiteurs desdits vins, bruuages & liqueurs és vaisseaux susdits, ensemble faire iouyr pleinement ceux qui en seront pourueus par sadicte

Majesté en vertu de leurs lettres de prouision, sans permettre n'y souffrir y estre troublez ny empeschez en aucune sorte & maniere, non-obstant les empeschemens , oppositions & droicts pretendus par les Euesques, communautez des villes , marchands Tonneliers & tous autres indifferemment , & sans qu'ils puissent preiudictier a l'establissement desdits offices créez par ledit Edict: & où il se trouue-roit presentement personnes pour se faire pouruoir en tiltre desdits offices, sadite Maje-sté veut & entend que soient par ladite Cour establis bons & suffisans commissaires pour exercer lesdits Offices esdites villes , bourgs, Parroisses & lieux necessaires, iouyr & vser d'iceux à l'instar des Fermiers dés huict , & vingtiéme , ledit Edict de la Declaration des Offices des Iaugeurs & Mesureurs de vins & autres breuuages, és lieux & endroits où il se-ra trouué necessaire; Verifié en ladite Cour, le 9. iour d'Auril, l'an 1596. l'Arrest donné au Conseil Priué du Roy, le 24. iour de Ianuier 1598. par lequel sa majesté auroit renuoié les-dites parties , auec tous leurs differents , dependances de tout ce que dessus en ladite Cour , Arrest de ladite Cour du dix-septies-me Iuin dernier , par lequel auroit esté or-donné que lesdits Iaugeurs de vins & vais-seaux , conformement audict Edict & Arrest

de verification d'iceluy, iouyront des priuile-
ges & exemptions à eux attribuées par ledit
Edict : Requestes presentées par lesdits impetrans à fin d'entherinement & verification
desdites lettres : Autre Arrest de la dite Cour
du 30. Iuillet dernier, contenant le refus faict
par icelle, de proceder à la verification desdites lettres : autres lettres Patentes du Roy, en
forme de Iuſſion, données à Paris le 12. iour
d'Aouſt dernier, ſignées par le Roy en ſon
Conſeil, Dreux, & ſellées : par leſquelles eſt
mandé à ladite Cour, de proceder purement
& ſimplement à l'entiere verification & entherinement deſdites Lettres Patentes du 24.
Iuin : Autre Arreſt de ladite Cour, par lequel
elle auroit derechef dict & declaré, ne pouuoir entrer à la verification deſdites Lettres :
Autres Lettres de iuſſion, données à Paris le
19. iour d'Octobre 1598. Par leſquelles derechef tres-expreſemét enioinct à ladite Cour
pour derniere & finalle Iuſſion, de proceder à
l'entherinement & verificatió deſditesLettres
de Declaratió. Cócluſiós du Procureur géne-
ral du Roy : Et tout cóſideré. Ladite Cour à ordonné & ordonne que leſdites lettres ſeroient
regiſtrées au Greffe de ladite Cour, pour eſtre
executées ſelon que le Roy le veut & entend,
a la charge que les Commiſſaires qui ſeront
nomméz ſuiuant leſdites Lettres de Declara-

tion, feront le ferment pardeuant les Efleus
en tel cas requis, information prealablement
faicte de leur vie & mœurs, & que leur Commiffion ceffera, demeurera efteinte & fup-
primée aduenant qu'il y foit pourueu en titre
d'Office formé, fuiuant l'Edict du mois de
Fevrier 1596. Prononcé à Paris en ladite Cour
des Aydes le 27. iour d'Octobre 1598.
      Signé.   BERNARD.

Arreft du Conseil d'Eftat du 12. Nouembre 1618. por-
tant reglement pour la fonction des Offices de Iaugeurs
de Vaiffeaux, Barriques, Tonneaux & Fuftailles à
mettre Vins, Bieres & autres Liqueurs.

SVr ce qui a efté remonftré au Roy en fon
Confeil, par les Commiffaires deputez
par fa Majefté pour la vente & reuente des offices de Iaugeurs, Vifiteurs de Tonneaux &
Barriques à mettre vins, bieres, cidres, & autres l'iqueurs, ordonné par Arreft du Confeil
du 9. Iuin dernier, Qu'il fe prefente de iour à
autre des differents, entre les Toneliers, marchands & habitans des villes & villages & lefdits Iaugeurs, tant fur la fonction & exercice
defdits Offices, que fur la perception & leuée
des droicts & emolumens qui leur font attri-
buez: Sa Majefté s'eftant fait reprefenter en
fon Confeil l'Edict de creation defdits Offices du mois de Nouembre 1601. celuy de l'an-

née 1596. les declarations des 24. Iuin & 12.
Aouſt 1598. Le Reglement & Arreſt donné
en la Cour des Aydes à Paris le 19. Mars 1603.
Enſemble l'Arreſt du Conſeil du 9. Iuin dernier: Sadite Majeſté deſirât faire ceſſer toutes
contentions & differents qui pourroient ſur-
uenir, pour raiſon des droits & functions deſdits Offices.

I.

A Ordonné conformement auſdits Edicts,
Declaratiõs & Arreſts, que les pourueus deſdits Offices de Iaugeurs, leurs Commis ou
Fermiers, apres auoir preſté ſerment pardeuant les Eſleus, marqueront & jaugeront les
vaiſſeaux, fuſtailles, pippes, muids, tonneaux,
& bariques, ſoit qu'ils ſoient remplis de vins
ou autres breuuages, ou qu'ils ſe trouuét vuides és boutiques des marchands & Tõneliers
de leur marque, en laquelle ſera le nõ de la
ville-principale de l'Eſlection, en la quelle
leſdits vaiſſeaux auront eſté jaugez, pour laquelle ils auront & prendront pour chacun
muid ou demie-queuë douze deniers, pour
chacune barique vuide ſix deniers, & des autres vaiſſeaux à proportion.

II.

Les Tonneliers prédront par chacun an du
Iaugeur de leur Paroiſſe, eſchantillon, pour
lequel ils payeront cinq ſols: leur faiſant ſadite Majeſté defenſes de faire aucunes fuſtailles

neufues, n'y en refaire des vieilles, qu'au pre-
alable ils n'ayent pris ledit eschantillõ, qui fera marqué de la marque dudit Iaugeur lequel
Iaugeur en leur baillant iceluy, les aduertira
du iable que les vaiſſeaux doiuent auoir ſelon
qu'ils ſeront grands ou petits, ſans lequel eſchantillon iceux Tonneliers ne pourront tra-
uailler.   III.

Sera permis auſdits Iaugeurs aller és maiſõs
deſdits Tonneliers, Marchands, & en tous
autres lieux où ſe feront leſdits veſſeaux &
fuſtailles, pour les viſiter ſi exactement qu'il
ne s'en puiſſe enſuiure aucun abus. à paine
d'en reſpondre par leſdits Iaugeurs en leurs
propres & priuez noms, auſquels Iaugeurs à
ceſte fin leſdits Tonneliers, Cabaretiers &
Marchands, ſeront tenus de faire ouuerture
de leurs caues, celliers, boutiques & maiſons
vne fois le mois, pour en icelles jaugẽ & marquer les fuſtailles, pipes, muids, tonneaux, bariques, & autres vaiſſeaux, tãt vieils que neufs
pleins ou vuides qui s'y trouueront, à l'inſtar
des fermiers des huict & vingtieſme, pour
eſtre payez de leur droict. Faiſant ſadite
Majeſté defenſes à toutes perſonnes de quelque qualité qu'ils ſoient, dexpoſer en vente
aucũs vaiſſeaux ou fuſtailles, vieilles ou neufues, preſtes à mettre vin ou liqueurs, ou plei-
nes, qu'elles n'ayẽt eſté jaugées & marquées,

à peine de cinq escus d'amende. Et si lesdit
vaisseaux ne se trouuent de jauge, serõt iceu
cõsisquez, & le Tonneliers comdamné en l'a
mende.

IV.

Les vaisseaux qui auront esté jaugez & mar
quez és boutiques & maisons des tonneliers
Marchands, ou autres lieux où ils auront est
faits & façonnez , & dont le droict de jaug
aura esté payé, ne pourrõt estre vne autrefoi
jaugez au lieu où ils seront remplis , encore
qu'ils fussẽt rẽplis en vne autre Paroisse qu'en
celle ou ils auront esté façonnez , pouruet
qu'ils soient remplis en la mesme Eslection, &
n'ayent changé de main.

V.

Mais s'ils auoient esté façonnez hors l'esten
duë de l'Election , & amenez par eau ou pa
terre , par Tonneliers , Marchands ou autres
seront de nouueau jaugez par les Iaugeurs des
lieux, pour euiter à fraude à l'instant le droi&
à eux payé, encores qu'ils eussent ja esté jau
gez au lieu où ils ont esté façonnez ; & sera er
ce cas tenu le Iaugeur les contremarquer d
sa merque, & marquer le plus ou moins, se
lon qu'ils se trouueront, grands ou petits, ayã
egard à la jauge du lieu où ils seront remplis.

VI.

Tous Gentilshommes, Bourgeois de villes
Vignerons ou autres , faisant faire ou façõne
vaisseaux neufs , & refaire les vieils en leur
maisons

maiſons par Tonneliers journaliers, ſeront te
nus appeller le Iaugeur du lieu où ils ſeront
façonnez, pour les jauger & marquer apres
qu'ils ſeront faits, & lors le payer de ſon droit:
Faiſant ſadite Majeſté defenſes à toutes perſonnes de quelque qualité & condition qu'ils
ſoient, de vendre ou achepter, n'y en leuer aucuns vins, cidres, verjus, vinaigres, & autres
breuuages & liqueurs, ſinon à la charge de la
jauge du pays, & qu'icelle ſoit appoſée par ledit Iaugeur, ſi auparauant n'a eſté : & en l'an-
née de ladite vente, ſelon la qualité des vaiſſeaux qui lors de ladite vente ſeront marquez
de la marque du Iaugeur du lieu où ils ſeront
vendus, au cas qu'ils ne ſe trouuent l'auoir eſté
és boutiques des Marchands ou Tonneliers
du lieu, à peine de pareille amende de cinq
eſcus : Et à tous Courretiers faiſant vendre
vins, cidres & autres breuuages, d'en achepter
& faire enleuer qu'ils ne ſoient jaugez & marquez, & le droiſt dudiſt Iaugeur payé : ains
aduertir les Marchands qu'ils meneront, de
ladite Iauge, à peine de ſemblable amende, &
d'eſtre tenus du dechet & defaut, en leurs
propres & priuez noms.

VII.

Leſdits Iaugeurs, leurs Commis, ou Fermiers, pourront aller aux eſtappes, caues, celliers, maiſons & veſſeaux des marchands par

E

terre, mer & riuieres, jauger & visiter les vins & vaisseaux, tans pleins que vuides, exposez en vente : & lors les jauger & marquer selon la jauge du pays, pour laquelle jauge & marque leur sera payé à raison du droict cy-dessus : faisant sadite Majesté defenses ausdits marchands d'en vēdre n'y achepter ausdites estapes, ou autres lieux, sinon aux conditions de ladite jauge, & à tous Gourmets, Courretiers, Tonneliers, de n'enleuer iceux auparauant ladite jauge, & payer ledit droict au Iaugeur du lieu, suiuant & conformement à ladite Declaration du 24. Iuin 1598. Verifiée en ladite Cour des Aydes & sur les peines que dessus, lequel Iaugeur marquera le plus ou moins, dont il aduertira les acheteurs & vendeurs.

VIII.

Lesdits Iaugeurs establiront vn bureau en la principalle ville de chacune Eslection, & en l'vne des Paroisses dont chacun office sera composé, pour estre prests (lors qu'ils seront aduertis) à faire le deuoir de leurs charges, à peine d'amende arbitraire.

IX.

Les procez & diferens qui naistront desdits offices de Iaugeurs, circonstances & dependances appartiendront en premiere instance aux Esleus, & par appel aux Cours des Aydes chacun en leur ressort, faisāt sad. Majesté tres-expresses inhibitions & defenses à tous Bail-

lifs, Seneſchaux & tous autres Iuges d'en pre-
dre Cour, iurifdiction ou cognoiſſance, à peine de quinze cens liures d'améde, nullité des
procedures, defpens, dommages & intereſts
des parties.   X.

Fait auffi fa Majeſté inhibitions & defences
aux maiſtres Tonneliers jurez faiſant leurs vi-
ſitations, d'exercer ladite jauge, n'y faire aucune entrepriſe ſur l'attribution faicte auſdits
Iaugeurs par leſdits Edicts , Declarations &
Reglemets fuſdits , ains leur en laiſſer la libre
fonction à peine d'amende à l'arbitrage des
Eſleus & de tous leurs defpens, dommages &
intereſt.   XI.

Les pourueus deſdits Offices de Iaugeurs,
ou leurs commis & fermiers iouyront des exemptions de toutes Commiſſions Royales &
d'eſtre Aſſeeurs & Collecteurs des tailles,
Procureurs de ville, Marguilliers, Meſſiers &
autres immunitez à eux accordées par ledict
Edict & Declaration , pourueu que le nombre des priuilegiez n'excede le nombre des ti-
tulaires.   XII.

Les Iaugeurs preſteront le ſerment pardeuant les Eſleus, en l'Eſlection deſquels s'exer-
cera l'office duquel ils ſeront pourueus, auf-
quels il fera mandé de ce faire , fans que pour
l'imformation fommaire & reception , leſdits
Eſleus puiſſent prendre plus grand droict que

de soixante sols, le Procureur du Roy vingt
sols, & les Greffiers pour ladite information
& acte de reception trente sols seulement.

XIII.

Ordonne sadite Majesté, le present Reglement estre obserué par tous les lieux & endroicts de son Royaume, & qu'à ceste fin co-
pie deuëment callationnée en soit enuoyée
aux Esleus de chacune Eslection, ausquels elle
enioinct y tenir la main, & le faire publier en
leurs Sieges l'audience tenant, à peine d'e-
stre tenus des contrauentions en leurs propre & priuez noms, & de plus grande peine
s'il y eschet.

Faict au Conseil d'Estat du Roy, tenu à Paris le 12. iour de Nouembre 1618.
Signé.   DE FLECELLES

---

*Le present Reglement a esté leu & publié en iugement par-
deuant mesdits sieurs les Commissaires generaux en leur
seance au Conuent des Augustins, & iceluy enregistré au
Greffe de la Commission pour y auoir recours quan à besoin
sera. Faict à paris audit Conuent des Augustins, le 21. iour
de Nouembre 1618.*

Signé.   *LORMIER.*

www.ingramcontent.com/pod-product-compliance
Lightning Source LLC
Chambersburg PA
CBHW061742060726
47597CB00007B/2706